Todos los libros de Linkgua Ediciones cuentan con modelos de Inteligencia Artificial entrenados por hispanistas. Pregúntale al chat de tu libro lo que desees acerca de la obra o su autor/a.

Para ebooks: Accede a nuestro modelo de IA a través de este enlace.

Para libros impresos: Escanea el código QR de la portada con tu dispositivo móvil.

Obtén análisis detallados de nuestros libros, resúmenes, respuestas a tus preguntas y accede a nuestras ediciones críticas generativas para una experiencia de lectura más enriquecedora.
La transparencia y el respeto hacia la autoría de las fuentes utilizadas son distintivos básicos de nuestro proyecto. Por ello, las respuestas ofrecen, mediante un sistema de citas, las fuentes con las que han sido elaboradas.

José Gautier Benítez

Poemas

Barcelona 2024
Linkgua-ediciones.com

Créditos

Título original: Poemas.

e-mail: info@linkgua.com

Diseño de la colección: Michel Mallard.

ISBN rústica ilustrada: 978-84-9953-694-1.
ISBN tapa dura: 978-84-1126-640-6.
ISBN ebook: 978-84-9897-853-7.

Sumario

Brevísima presentación

La vida

José Gautier Benítez (1848-1880). Puerto Rico.

Hijo de Rodulfo Gautier y de Castro, y de la poetisa Alejandrina Benítez y de Arce, ambos de Mayagüez, nació en Caguas el 12 de noviembre de 1851 (12 de abril, según otros).

Su padre murió cuando él apenas tenía ocho años y la familia tuvo que abandonar la finca en Caguas. Se fueron a una casa en la Calle del Cristo, del viejo San Juan. En poco tiempo fue sitio de tertulias literarias y políticas propias del romanticismo de la época.

Gautier Benítez hizo carrera militar. Ingresó con trece años en el ejército español como cadete en la Compañía de Cazadores del Batallón de Infantería de Valladolid, en la guarnición de San Juan. Luego pasó al batallón «cuarto de línea», se graduó a fines de junio de 1868, y fue promovido a alférez de infantería. En ese año fue enviado con su compañía a bordo del vapor Vasco Núñez de Balboa, para sofocar la insurrección lareña. Seis días después del levantamiento fue ascendido a teniente, y en octubre de 1869 fue admitido a la Orden de Santiago.

En mayo de 1870 continuó sus estudios castrenses en Madrid hasta septiembre, cuando abandonó el ejército.

Gautier empezó a escribir poemas a los diecisiete años. A su vuelta a Puerto Rico, publicó su poema «A Puerto Rico (Regreso)». Por entonces pretendía obtener un empleo para contraer matrimonio con Carmen O'Neill y trabajó como escribiente en la Diputación.

Sin embargo, un suceso inesperado acabó con sus planes de boda. Poco después, en una visita a sus familiares, Gautier se enamoró de su prima Cecilia Benítez Nerón Longpré. Se casó el 5 de enero de 1874, en la iglesia parroquial de Vieques, volvió con Cecilia a la casa de San Juan, y pensó dedicarse a la agricultura en la antigua finca «La Alejandrina», en Caguas.

Por entonces Camelia, la hermana menor del poeta, murió de tuberculosis pulmonar a los diecinueve años. Y luego, su hermana Josefa «Pepiña» Alejandrina, también murió poco después de casarse en la isla de Saint Thomas.

El 13 de septiembre del mismo año azotó a Puerto Rico el huracán San Felipe Neri; dejando en la ruina a su familia.

En 1878, junto a Manuel de Elzaburu, una de las figuras prominentes del recién fundado Ateneo Puertorriqueño, Gautier fundó la *Revista Puertorriqueña.*

Su poema «A mis amigos», anticipa su muerte.

El 31 de mayo de 1879 obtuvo el primer premio en el certamen del Ateneo, con su poema «A Puerto Rico». Se mudó al campo, en Cangrejos, hoy Santurce. Su salud no mejoró y regresó con su esposa Cecilia a San Juan, donde murió el 24 de enero de 1880.

Poemas

A Puerto Rico (Ausencia)

Puerto Rico, Patria mía,
la de los blancos almenares,
la de los verdes palmares,
la de la extensa bahía:

¡Qué hermosa estás en las brumas
del mar que tu playa azota,
como una blanca gaviota
dormida entre las espumas!

En vano, patria, sin calma,
muy lejos de ti suspiro:
yo siempre, siempre te miro
con los ojos de mi alma:

En vano me trajo Dios
a un suelo extraño y distante:
en vano está el mar de adelante
interpuesto entre los dos:

En vano se alzan los montes
con su manto de neblina:
en vano pardas colinas
me cierran los horizontes:

con un cariño profundo
en ti la mirada fijo:
¡Para el amor de tu hijo
no hay distancia en el mundo!

Y brota a mi deseo
como espléndido miraje,
ornada con el ropaje
del amor con que te veo.

Te miro, sí, placentera
de la Isla separada,
como una barquilla anclada
muy cerca de la ribera.

Do el viento sobre las olas
te lleva en son lastimero,
del errante marinero
las sentidas barcarolas;

Y céfiros voladores
que bajan de tus montañas,
los murmullos de tus cañas,
los perfumes de tus flores.

El mar te guarda, te encierra
en un círculo anchuroso,
y es que el mar está celoso
del cariño de la tierra;

Y yo, patria, que te quiero,
yo que por tu amor deliro,
que lejos de ti suspiro,
que lejos de ti me muero.

Tengo celos del que mira

tus alboradas serenas,
del que pisa tus arenas,
del que tu aliento respira.

Tú das vida a la doncella
que inspira mi frenesí,
a ella la quiero por ti,
y a ti te quiero por ella.

Ella es la perla brillante,
en tus entrañas formada,
tú, la concha nacarada
que guarda la perla amante.

Es paloma, que en la loma
lanza su arrullo sentido,
y tú, patria, eres el nido
donde duerme la paloma:

Si yo te vi indiferente,
si mi amor no te decía:
¡Ay patria, yo no sabía
lo que es el llorar ausente!

Mas hoy que te ven mis ojos
de tu mar entre las brumas,
como una ciudad de espuma
forjada por mis antojos:

Hoy que ya sé lo que vales,
hija del Sol y del viento,
que helarse mi sangre siento

con las brisas invernales;

Hoy diera, en la tierra hispana,
el oro que el mundo encierra,
por un puño de tierra
de mi tierra Borincana.

A Puerto Rico (Regreso)

Por fin corazón, por fin
alienta con la esperanza,
que entre nubes de carmín,
del horizonte al confín,
ya la tierra a ver se alcanza.

Luce la aurora en oriente
rompiendo pardas neblinas,
y la luz, como un torrente,
se tiende por la ancha frente
de verdísimas colinas.

Ya se va diafanizando
de la mar la espesa bruma;
el buque sigue avanzando,
y va la tierra brotando
como Venus de la espuma.

Y allá sobre el fondo oscuro
que sus montañas le dan,
bajo un cielo hermoso y puro,
mi bellísimo San Juan.

Y aunque es ciudad amada
mis afecciones encierra,
con el alma entusiasmada,
yo no me acuerdo de nada
sino de ver esa tierra.

Perdonadle al desterrado
ese dulce frenesí;
vuelo a mi mundo adorado,
¡y yo estoy enamorado
de la tierra en que nací!

Para poder conocerla,
es preciso compararla,
de lejos en sueños verla;
y para saber quererla
es necesario dejarla.

¡Oh!, no envidie tu belleza,
de otra inmensa población
el poder y la riqueza
que allí vive la cabeza
y aquí vive el corazón.

Y si vivir es sentir,
y si vivir es pensar,
yo puedo, patria, decir
que no he sabido vivir
al dejarte de mirar.

Que aunque templado y suave
no vive, no, en el ambiente
el pez de las ondas nave
ni entre las ondas el ave,
ni yo de mi patria ausente.

¡Patria!, jardín del mar,
la perla de las Antillas

¡Tengo ganas de llorar!
¡Tengo ganas de besar
las arenas de tus orillas!

Si entre lágrimas te canto,
patria mía, no te asombres,
porque es de amor ese llanto,
y ese amor es el más santo
de los amores del hombre.

Tuya es la vida que aliento,
es tuya mi inspiración,
es tuyo mi pensamiento,
tuyo, todo sentimiento
que brote en mi corazón.

Que haya en ti vida primero,
cuanto ha de fijarse en mí,
y en todo cuanto venero,
y en todo cuanto yo quiero
hay algo patria de ti.

No, nada importa la suerte
si tengo que abandonarte,
que yo solo aspiro a verte,
a la dicha de quererte
y a la gloria de cantarte.

Canto a Puerto Rico

¡Borinquen!, nombre al pensamiento grato
como el recuerdo de un amor profundo,
bello jardín de América el ornato,
siendo el jardín América del mundo.

Perla que el mar de entre su concha arranca
al agitar sus ondas placenteras,
garza dormida entre la espuma blanca
del níveo cinturón de tus riberas.

Tú, que das a la brisa de los mares,
al recibir el beso de su aliento
la garzota gentil de tus palmares;

Que pareces en medio de la bruma
al que llega a tus playas peregrinas,
una ciudad fantástica de espuma
que formaron jugando las ondinas.

Un jardín encantado
sobre las aguas de la mar que domas,
un búcaro de flores columpiado
entre espuma y coral, perlas y aromas.

Tú, que en las tardes sobre el mar derramas
con los colores que tu ocaso viste
otro océano de flotantes llamas;

tú, que me das el aire que respiro

y vida al canto que espontáneo brota,
cuando la inspiración en raudo giro
con sus alas flamígeras azota
la frente del cantor; ¡oye mi acento!

El santo amor que entre mi pecho guardo
te pintará su rústica armonía;
por ti lo lanzo a la región del viento,
tu corazón lo dicta al corazón del Bardo,
y el Bardo en él su corazón te envía.

¡Óyelo patria! El último sonido
será, tal vez, de mi laúd; muy pronto
partiré a las regiones del olvido.

Mi juventud efímera se merma,
y ya en su cárcel habitar no quiere
un alma melancólica y enferma.

¡Antes que llegue mi postrero día
y mi cantar se extinga con mi aliento!,
¡toma, patria, mi última poesía!
¡Ella es de mi amor el testamento!
¡Ella el adiós que tu cantor te envía!

Tres siglos ha que el hombre
encerrado en el viejo continente
ni en ti soñaba ni soñó tu nombre.

...

Tres siglos ha que el hombre

encerrado en el viejo continente,
ni en ti pensaba, ni soñó tu nombre.

Tu ser fue una bellísima quimera
a los que vían el confín del mundo
de Thule en la fantástica ribera;

Pero sonó una hora en el gigante
reloj que marca su existencia al orbe;
y abrió sus ondas al airado Atlante.

El dedo del destino tocó
de un hombre en la ardecida frente,
y entre las ondas le mostró un camino.

El tan solo quería,
cruzando las regiones del occidente,
volver al sitio donde nace el día;

Al viento del azar tendió sus velas
desde el confín del túrbido océano,
y la suerte llevó sus carabelas
a chocar con el mundo americano.

De ese mundo bellísimo fragmento
eres, ¡oh patria!, que en el mar lanzara
un cataclismo al estallar violento;

Más trajiste tan solo su belleza
sin copiar del inmenso continente
la pompa y el horror de su grandeza;

Ni el Tigre carnicero,
ni el León, ni el Jaguar en tu montaña
lanzan su grito aterrador y fiero;

Ni el Boa se retuerce en la llanura,
ni entre las aguas de tu manso río
turbar la onda transparente y pura
se ve al Caimán indómito y bravío.

Ni arrojas al Atlante
de la playa pacífica, el inmenso
rey de los ríos, Marañón gigante.

Ni tus montes con ruido subitáneo
estremecidos en su base crujen,
cuando con ronco respirar titáneo
el Orizaba y Cotopaxi rugen.

Y no estremece un Niágara tu suelo
al desplomar la inmensa catarata,
en la que el iris, el pintor del cielo,
une a las franjas del luciente plata
oro, y carmín, y púrpura y topacio,
mientras en los cristales se retrata
fiero el cóndor, monarca del espacio.

Tienes... la caña en la feraz sabana,
lago de miel que con la brisa ondea,
mientras su espuma, la gentil guajana
como blanco pulmón se balancea.

Y la palma, que mece en el ambiente,

encerrada en el ánfora colgante,
la ninfa pura de su aérea fuente;

Y de tus montes en el ancha falda
donde el cedro y la péndola dominan,
luce el cafeto la gentil guirnalda
del colmo ramo que a la tierra inclinan
las bayas del carmín y de esmeralda.

Tú tienes, sí, tus noches voluptuosas
que amor feliz al corazón auguran
y en un vergel de lirios y de rosas
manantiales de plata que murmuran.

Tórtolas que se quejan en los montes
remedando suspiros lastimeros
palomas y turpiales y sinsontes
que anidan en floridos limoneros.

Todo es en ti voluptuoso y leve,
dulce, apacible, halagador y tierno,
y tu mundo moral su encanto debe
al dulce influjo de tu mundo externo.

Por eso, en aquel día
que abordaron las naves castellanas
a tus bellas riberas, patria mía,

Tus tribus aborígenes,
dominando el temor que las llevara
al seno oscuro de tus selvas vírgenes;

Tranquilas contemplaron
regresando apacibles a tu orilla,
cómo los brazos de la cruz se alzaron
bajo el rojo estandarte de Castilla

Pura amistad vehemente
unió los hombres que aportó el abismo,
del indio rudo en la tostada frente
cayó la onda sagrada del bautismo.

Después, ya roto el temor el dique,
la llama del amor lució esplendente,
la dulce hermana del primer Cacique
llamó su esposo al paladín de Oriente.

Y tú fuiste el joyel que traspasaba
el casto beso de su amor primero,
del señorial cintillo de Agüeynaba
a la corona del monarca ibero.

...

Y después... y después, nunca mi canto
pinte el hondo luchar de las pasiones,
ni el exterminio, ni la crueldad y el llanto,
mancha de los humanos corazones.

Borremos del error las hondas huellas
que a la infeliz humanidad desdoran,
porque hombre soy... y me avergüenzo de
ellas.

Llegó un día fatal de horror y duelo,
que en el del oro tras el torpe lucro
la vil esclavitud manchó tu suelo;

¡Y el huracán del golfo americano
dejó las naves abordar tranquilas
a las riberas del jardín indiano!

Y tú, ¡patria!, la perla de Occidente,
¡no te volviste al seno de los mares
para lavar la mancha de tu frente!

Mas no en vano en Judea
corrió la sangre de Jesús,
sellando el triunfo de su santa idea;

Mas no en vano anhelante
camina el mundo por la ancha vía
del progreso adelante;

Brilló una aurora de feliz memoria
en que cesaron lágrimas y duelos
borrándose una mancha de la historia,

Y mil y mil acentos
dieron tu nombre: ¡Libertad sagrada!,
a los montes, los valles y los vientos.

¡Y ni una sola represalia impía!,
¡ni una venganza profanó tu suelo!
¡Bendiciones y cantos, patria mía,
perdiéronse en las bóvedas del cielo!

¡Extraño cuadro! que en la ancha tierra,
al vencer la opresión en lucha santa,
de entre el lago purpúreo de la guerra
la libertad sangrienta se levanta.

Dios debió sonreír y viendo a su hechura
hacer del paria hermano cariñoso,
y del ángel tomar la investidura
al realizar un acto tan hermoso

Y bendecirte conmovido y tierno,
porque solo en tu suelo hospitalario,
al dulce influjo de tu mundo externo
se vio la Redención del Calvario.

...

Otro paso adelante; sin que vibres
el arma fratricida,
en el concierto de los pueblos libres
se levanta tu voz; savia de vida
y juventud circula por tus venas,
cuando la noble España conmovida
quebranta del colono sus cadenas.

Ya no eres, patria, un átomo perdido
que al ver su propia pequeñez se aterra,
ni un jardín escondido
en un pliegue del manto de la tierra.

Eres el pueblo que su voz levanta

si la justicia y la razón le abona,
que las exequias del pasado canta
y el himno santo del progreso entona.

Tú no serás la nave prepotente
que armada en guerra, al huracán retando,
conquista el puerto, impávida y valiente
las ondas y los hombres dominando;

Pero serás la plácida barquilla
que al impulso de brisa perfumada
llegue el remanso de la blanca orilla;

Tal es, patria, tu sino,
libertad, conquistar, ciencia y ventura,
sin dejar en las zarzas del camino
ni un jirón de tu blanca vestidura.

Empero..., si me engaño,
si me reserva mi destino impío
llorar tu ruina y contemplar tu daño;

Si he de escuchar tus ecos
devolverme entre lágrimas y horrores
el ronco acento de los bronces huecos;

Si fuera mi laúd el destinado
para cantar tu pena y tu agonía...
¡Ah, que le mire pronto destrozado
en mis trémulas manos, patria mía!

Y antes que el mal en tu recinto nazca

y contemplarlo con espanto pueda...,
¡que disponga el Señor cuando le plazca
de este resto de vida que me queda!

Mas si Jehová le concedió al poeta,
al cantar a su patria y a su destino,
la doble vista del veraz profeta;

Si ha de unirse mi nombre con tu historia
para ser el cantor de tu alegría,
para ver el heraldo de tu gloria.

Dios me conceda al verte
de venturas y triunfos coronarte,
¡una vida sin fin para quererte
y una lira inmortal para cantarte!

A mis amigos

Cuando no reste ya ni un solo grano
de mi existencia en el reloj de arena,
al conducir mi gélido cadáver,
no olvidéis esta súplica postrera:

«No lo encerréis en los angostos nichos
que llenan la pared formando hileras,
que en la lóbrega, angosta galería
jamás el Sol de mi país penetra.

El campo recorred del cementerio,
y en el suelo cavad mi pobre huesa;
que el Sol la alumbre y la acaricie el aura,
y que broten allí flores y hierbas.

Que yo pueda sentir, si allí se siente,
a mi alrededor y sobre mí, muy cerca,
el vivo rayo de mi Sol de fuego
y esta adorada borinqueña tierra.»

Americana

Vente, niña, a mi bohío
vente, niña, a mi conuco
ven, que ya está mi cayuco
junto a la orilla del río.

Abandona las murallas
de los campos por la alfombra
y ven a gozar la sombra
de un bosque de pitahayas.

Y verás cuán placentero
bajo mi techo de yagua
es oír sonar el agua
del tropical aguacero.

Quiero verte en mi batey
más esbelta y seductora
que la espiga cimbradora
que se eleva del maguey.

Mas pronto, pronto, mi bien
si no quieres que mi vida
mustia, triste y abatida
cobije el guariquitén.

Son más rosados tus labios
que la fruta del cijao
y es más dulce que melao
tu sonrisa a mis agravios.

Es tu cariño mi ley
tu desdén es mi verdugo
más mortífero que el jugo
que destila el marunguey.

Cuán diferente, bien mío
corre al par nuestra existencia
tú en tranquila complacencia
yo en inquieto desvarío.

Tú eres la rosa galana
que de púrpura se viste
y yo soy la palma triste
que vegeta en la sabana.

Tú eres la calandria leda
que trina dulce, amorosa
y yo un ave misteriosa
quejándose en la arboleda.

¡Ay!, mi vida tiene brumas
que ocultan mis peregrinas
visiones, cual las neblinas
en el monte los yagrumos.

Y el llanto de mi tristeza
ya corre cansadamente
como asoma lentamente
la resina en la corteza.

Pero en cambio a mi dolor

a mi pena y mi agonía
tengo un cielo, vida mía
que es el cielo de tu amor.

Reflexiona, por piedad,
las palabras que te digo
y ven a partir conmigo
mi conuco y mi heredad.

El Manzanillo

Hay en los campos de mi hermosa antilla
en el suelo feliz donde he nacido
como un error de la natura, un bello
arbusto que se llama el manzanillo.

Tiene el verde color de la esmeralda
y su tupida, su redonda copa
esparce a su alredor en la llanura
fresca, apacible, deliciosa sombra.

Mas, ¡ay!, el ave al acercarse tiende
para otros sitios el cansado vuelo
porque su instinto natural le indica
que su sombra es mortífero veneno.

Todas las plantas en la selva umbría
entrelazan sus ramas y sus hojas
y al halago del viento se acarician
y se apoyan las unas en las otras.

Y unidas crecen en amante lazo
y unidas dan al aire su fragancia
y el manzanillo solo en la ribera
y el manzanillo solo en la montaña.

¡Ay!, cuántas veces al mirarlo, cuántas
con honda pena, con dolor he dicho
¿si será mi existencia en esta vida
la existencia fatal del manzanillo?

Romance

I

Hermosísima Cacica
de los montes tropicales,
la de la negra melena,
la de los ojos muy grandes;
tres lunas ha que te busco
por la orilla de los mares,
por la cima de los montes,
por el fondo de los valles.

Al no verte en el areito
ni en la choza de tus padres,
ni en el baño que cobijan
pomarrosas y arrayanes,
murió la risa en mis labios,
y de verter llanto a mares,
pierden su brillo los ojos
que reflejaron tu imagen.

Mis guerreros ya no tocan
caracoles y timbales,
y temerosos me siguen
sin atreverse a mirarme;
que a todo el mundo pregunto,
y no me responde nadie,
¿do está la hermosa Cacica
de los montes tropicales,
la de la negra melena,
la de los ojos muy grandes?

II

Le he prometido a quien diga
el lugar do puedo hallarte,
la mitad de la cosecha,
la mitad de mis palmares,
mi castillo de Cacique,
el que heredé de mis padres,
hecho con oro del Yunque
sin liga de otros metales;
mis más hermosos aretes,
mis más hermosos collares
y con mi carcaj de concha
embutido de corales,
mis flechas más aguzadas
y mi arco de más alcance.

Los ancianos de la tribu
quieren el mando quitarme
porque dicen que el Cemí,
de rigor haciendo alarde,
me ha convertido en un niño
que nada entiende ni sabe,
que el jugo de la tabaiba
ha emponzoñado mi sangre.

¿Qué me importan las riquezas?
Los honores, ¿qué me valen
si no he de verte a mi lado,
si conmigo no las parte
la hermosísima Cacica
de los montes tropicales,
la de la negra melena,
la de los ojos muy grandes?

III

¡Oh!, ¡quién sabe si el Caribe,
como las marinas aves,
con alas de la tormenta
cruzó de noche los mares,
y en las playas de Borinquen
movió sus huestes falaces
como serpientes astutas,
como zamuros cobardes,
si hora gimes en prisiones
muy lejos de tus hogares,
y si mi nombre pronuncias
en medio de tristes ayes!

Si así fuera... por las playas,
por los montes y los valles
sonaran en son de guerra
caracoles y timbales;
y si piraguas no hubiesen
o los vientos me faltasen,
al frente de mis gandules
cruzara a nado los mares,
cayendo sobre esa tribu
y bañándome en su sangre,
como cae el guaraguao
sobre paloma cobarde.

Pues diera fuerza a mi brazo
y fortuna en el combate
el nombre de la Cacica
de los montes tropicales,
la de la negra melena

la de los ojos muy grandes.

IV

Mas, ¡ay!, si mi amor olvidas
como el yagrumo variable;
si has dejado que otros ojos
con sus miradas te abrasen,
que otras manos te acaricien
y que otros labios te llamen.

Si oculta en la verde gruta
al declinar de la tarde,
borras mis ardientes besos
con los besos de otro amante...,
pues sabes que en ti no puedo
de tus traiciones vengarme;
permita el cielo, Cacica,
que en el próximo combate
caiga sin honra ni gloria
y que el pecho me traspase
una flecha de Caribe
mojada con el curare;
que al fin por tu amor muriendo
tal vez llegues a llorarme,
hermosísima Cacica
de los montes tropicales,
la de la negra melena,
la de los ojos muy grandes.

Oriental

Hermosísima sultana
de los jardines de Hiram,
sonrisa de la mañana,
por mirarte a la ventana
diera su reino un sultán;

Sus jardines orientales,
sus alfombras y pebetes,
ruiseñores y turpiales,
sus cachemiras y chales,
sus Zegríes y Zenetes;

Diera sus galas y flores,
sus esclavas y su harén,
sus sueños embriagadores
y la existencia de amores
prometida en el Edén.

Mas, ¡ah!, maldice su oro,
y su pompa, y su esplendor:
no puede el monarca moro
pagar, con todo un tesoro,
una sonrisa de amor.

Por eso lanza su gente
en algara a la frontera,
por eso nubla su frente
y va buscando impaciente
una lanza que lo hiera.

Por eso el monarca moro
quiere morir con honor,
pues ha tornado a desdoro
que no alcance su tesoro
para pagarte su amor.

Zoraida

En gótica estrecha torre
que el agua del Tajo baña,
y que un peñasco domina,
como lúgubre fantasma
que en triste noche de insomnio
evoca tímida el alma,
sin pajes y sin doncellas,
sin juglares y sin zambras,
separada de Toledo,
gime la bella Zoraida,
porque dejó que en su rostro
fijase ardiente mirada
el jefe de los donceles,
el capitán de la guardia,
el de la blanca garzota,
y la corva cimitarra.

El orgulloso africano
que de insensible hace gala,
y es severo con los hombres
y severo con las damas.

El que desprecia las sedas
y los perfumes de Arabia
el que asiste a los festines
como asiste a las batallas,
y al lado de los caftanes
y las túnicas bordadas,
los encajes y las cintas,

lleva la cota acerada,
lleva la blanca garzota
y la corva cimitarra.

Mas, ¡ah!, contra amor no valen
las armas mejor templadas,
ni hay guerrero que resista
la fuerza de una mirada
que penetra por los ojos
y se apodera del alma,
y por eso... en los jardines
del palacio de Galiana,
cayó una noche, rendido
de hinojos ante Zoraida
el jefe de los donceles,
el capitán de la guardia,
el de la blanca garzota
y la corva cimitarra.

Nada valió su cariño,
su pasión inmensa, nada.
No se apiadó de su pena
la bellísima Zoraida.

¿Qué le importaba a la hermosa
que la Corte festejaba,
que la amase con delirio
el capitán de la guardia?

Mas iba pasando el tiempo
en dulce apacible calma;
si Zoraida no accedía

ya su altivez no era tanta,
ni tan esquivo su acento
ni tan glacial su mirada,
y por eso... en una torre
que el agua del Tajo baña,
separada de Toledo
gime la bella Zoraida.

Pero es el amor un árbol
de florescencia tan grata,
que al brotar del corazón
nuestra existencia embalsama.
Es un prisma delicado
y a su través, en bonanza,
se ven cruzar de la vida
las dolorosas estancias,
arrulladas dulcemente
al soplo de la esperanza.

Y nada vale la fuerza,
y los obstáculos nada;
no caben ajenas leyes
en el imperio del alma,
porque el amor combatido
y en lucha con la desgracia,
es impetuoso torrente
que al final de su jornada,
al hallar modesto dique
cortando su rauda marcha,
parece duda un momento,
riza la espuma nevada,
en sí mismo se revuelve,

junta sus aguas... y salta.

Así pensaba una noche,
noche lóbrega, enlutada,
el jefe de los donceles,
el capitán de la guardia,
el de la blanca garzota
y la corva cimitarra.

Y animándose de pronto
su antes lánguida mirada,
por una escala secreta
bajó rápido a la cuadra,
tomó su negro corcel
de los desiertos de Arabia,
y al dejar la población
a todo escape se lanza.

Salvando riscos y peñas
el noble bruto volaba,
y el capitán impaciente
más aguijaba su marcha,
sin detener su carrera
frenética, desalada,
hasta llegar a la torre
que el agua del Tajo baña.

Allí, apoyado en un muro,
fija en la estrecha ventana
una mirada, en que envía
todo el amor de su alma,
y vio la sombra de un bulto

tras la cortina de gasa,
y muriendo de emoción
le dirige estas palabras:

«Luz y encanto de mi vida,
mi bellísima Zoraida,
paloma de blancas plumas,
tórtola que triste cantas.
De Damanhur fresco lirio,
de Ceilán perla preciada,
no me olvides, no me olvides,
hurí que del cielo faltas,
y ten, nevada gacela,
en Dios y en mí confianza.

Yo sé que no necesitas
para amarme, mi Zoraida,
que me presente a tus ojos
cubierto de ricas galas,
pues no se compran con oro
los sentimientos del alma.
Pero ¡ah!, mi bien, que no piensan
como tú los que te guardan.

Mas... le arrancaré al destino,
en generosa demanda,
coronas para tu frente,
perlas para tu garganta,
para tu cintura chales,
y alfombras para tus plantas;
y volveré, vida mía,
pero con riqueza tanta,

que no ofenderá mi orgullo
quien de mis brazos te arranca.»

Callóse aquí el caballero,
se agitó la leve gasa,
y asomóse al ajimez
la bellísima Zoraida;
y vio que en negro corcel
sobre Toledo adelanta
el jefe de los donceles,
el capitán de la guardia,
el de la blanca garzota
y la corva cimitarra.

Un sueño

Soñé que la mujer a quien adoro
con infame perjurio me engañaba
y a otro amante feliz, le abandonaba
de su amor el bellísimo tesoro.

Soñé que apasionado, que sonoro
su beso en otra boca resonaba
y aunque el sueño mis párpados
cerraba los abrían las fuentes de mi lloro.

Si en el drama futuro de mi vida
tan inmenso dolor me está esperando
que la muerte de mí compadecida

Antes me brinde su reposo blando
porque más que la tumba me intimida
mirar despierto lo que estoy soñando.

Los ojos de T.

Un astrónomo viendo las estrellas
preguntó la razón
de por qué le faltaban las más bellas
a una constelación.

En vano ¡el infeliz! se fatigaba
queriéndolas hallar,
y del cielo a la bóveda miraba
¡qué habría de encontrar!

Cansado de mirar al firmamento
a tus ojos miró.
«¡Por fin!», exclama, y se marchó contento
pues entonces las vio.

Como tú quieras

Bajo el Sol tropical de las Antillas
marchítase la flor;
como ella palidecen tus mejillas
al fuego del amor.

Mas la pálida rosa, vida mía,
la reina es del pensil,
y la besan, temblando de alegría,
las auras del abril.

Sé, en buen hora, la rosa que fragante
al aura da su olor,
y yo seré... la brisa susurrante,
la brisa del amor.

Deber de amar

Mientras errante por extraño suelo
me acuerde de mi patria;
mientras el santo amor de la familia
guarde mi alma;
mientras tenga mi mente inspiraciones,
sonidos mi garganta;
mientras la sangre por mis venas corra,
tengo que amarla.

Mientras pueda a los cielos levantarse
tranquila mi mirada;
mientras me dé su aroma delicado
la flor de la esperanza;
mientras tenga de amor gratos ensueños
ilusiones doradas;
mientras tenga vida y sentimiento,
tengo que amarla.

Mientras guarde el santuario de mi pecho
de gratitud la llama;
mientras recuerde de mi dulce niña
el dolor y las lágrimas;
mientras recuerde que mi amor ha sido
su dicha y su desgracia;
mientras haya virtud, lealtad, nobleza,
tengo que amarla.

¡Sean mis sueños de placer y dicha
como sombras livianas;

sea mi pobre corazón un campo
sin verdor ni fragancia;
que no encuentre jamás en mi existencia
auroras de bonanza;
que mi vida sea un largo sufrimiento,
primero que olvidarla!

¡Que no pruebe jamás la miel del beso
de mi madre adorada;
que nunca aborde mi velera nave
al puerto de mi patria;
que las olas arrojen mi cadáver
sobre ignorada playa,
todo, todo, lo juro! lo prefiero
primero que olvidarla.

Ella y yo

Ella tiene la gracia seductora
que a mí me enloqueció.
Ella tiene, en los ojos, del lucero
la limpia irradiación.

Ella tiene un hoyuelo en la mejilla
que amante le dejó
al besarla, prendado de sus gracias
el travesuelo dios.

Ella tiene en su límpida mirada
tesoros de pasión,
la diosa del talento, generosa,
sus dones le cedió.
Ella tiene muchísimos encantos...
¡no tiene corazón!

Yo no tengo riquezas fabulosas
que halaguen su ambición,
ni en el libro glorioso de la fama
mi nombre se grabó.

Yo no tengo el poder de los magnates,
su altiva posición;
yo vivo pobre, solitario y triste
luchando con mi amor.

Yo no tengo siquiera versos suaves
que formen su ilusión;

todo, todo me falta en esta vida...
¡me sobra corazón!

El poeta

Nace, vive y adelanta
por la senda de la vida,
y al recibir una herida
la cítara toma y canta;

Y la turba se divierte
con él que, fija en el cielo
la mirada, por el suelo
do lleva el paso no advierte.

Él se queja, y mientras tanto
se le escucha sonriendo,
quizás a veces creyendo
que son ardides del canto.

Y en su profunda aflicción,
de sus canciones benditas,
¡cuántas, cuántas van escritas
con sangre del corazón!

Aunque el genio el canto exhale
canta al par dolor y gloria
que el laurel de la victoria
cuesta más de lo que vale.

Y al esparcir gloria y luz
del mundo en el escenario,
encuentra en él su calvario
y su martirio en su cruz.

Si Jesús en su suplicio
llegando al último instante,
desencajado el semblante,
consumado el sacrificio,

Entre el ronco vocerío
del pueblo que le insultaba
con dulce amor exclamaba:
«¡Perdonadlos, Padre mío!»

Si su frente desgarrada
por la sangrienta corona
al suelo inclina y abona
la clemencia su mirada,

También el bardo, al sentir
que se acerca su partida
sintiendo luchar la vida
con las ansias del morir,

Venciendo su mal profundo
de su lecho se levanta,
su cítara toma, y canta
como el cisne moribundo.

Siendo aquél su último canto
de su eterna despedida,
pura esencia de su vida
y perfume de su llanto,

Que cuando la frente inclina

al peso de su corona,
¡también bendice y perdona
al mundo que le asesina!

Las aves de paso

El cielo está en calma, la tarde serena,
y el Sol declinando;
y al valle tranquilo dirigen su vuelo
las aves de paso.

Se ignoran sus nombres, que vienen de lejos,
de climas extraños,
y todos las miran, mas nadie conoce
las aves de paso,

Las blancas palomas, que siempre tranquilas
el valle habitaron,
reciben alegres, con tiernos arrullos,
las aves de paso.

Que al fin ellas vienen de incógnitos valles
y es dulce su canto;
tal vez es por raras, que halagan, seducen,
las aves de paso.

Y aunque hay en el valle rendidos amantes
de cuello nevado,
prefieren las blancas palomas sencillas,
las aves de paso.

Mas ¡ay!, que saciadas al fin de caricias,
de nidos y granos,
de nuevo levantan su rápido vuelo
las aves de paso.

Y al verse burladas las pobres palomas,
exclaman cantando:
Malhaya la incauta que alberga en su nido
las aves de paso.

Insomnio

¡Cuán largas son las horas
de sufrimiento!
¡Cuán tristes son las noches
de los enfermos!

Por el día, los ruidos
y el movimiento;
el calor de los rayos
de un Sol de fuego,
y la brisa que pura
restaura el pecho;

El jugar de los niños,
siempre contentos,
El estar en la casa
todos despiertos,
la abundancia de vida
y el bien ajeno,
sobre los propios males
extiende un velo.

Mas cuando el Sol se oculta,
y en el silencio
acrecienta las penas
insomnio eterno,
y cruzamos el mundo
de los recuerdos
amargando el presente
goces que fueron;

Cuando solo se escucha
rugir el viento;
el reloj perezoso
marcando el tiempo,
y el respirar forzado
de nuestro pecho.

Cuando no hay en la casa
risas ni juegos;
cuando todos dormidos
parecen muertos
y cuando ya la aurora luce
en el cielo,
corona de zafiros,
manto de fuego,
y a la luz de la vida
y el movimiento
el mundo se despierta
feliz, risueño,
el reposo buscamos,
y sobre el lecho
se desploma el rendido
mísero cuerpo,

Los que pasáis la noche
placer bebiendo,
en el baile y la orgía,
teatro y concierto,
el espíritu alegre,
robusto el cuerpo,
que ignoréis siempre, siempre,

pido en mi ruego,

¡Cuán largas son las horas
de sufrimientos!

¡Cuán tristes son las noches
de los enfermos!

La nave

Del mar de la vida las ondas en calma
cobra la Luna con rayo fugaz,
y en el horizonte, cortando su curva,
descubre una nave, ¿quién sabe do va?

Y avanza y avanza cruzando las olas
y el blanco velamen ofrece al terral,
que juega en las flores de orilla lejana
y aroma la inmensa llanura de mar.

Ni ruido, ni voces, y todo en silencio.
Parece que solo camina el bajel.
Mas no, que buscando del norte la estrella,
tenaz a la caña se ve al timonel.

Estrellas y Luna ¿do están? ¿qué se hicieron?
El éter no ostenta su límpido tul,
la mar se ennegrece, se turba, se agita,
y avanzan rugiendo los vientos del Sud.

Y allá en el nublado, confuso horizonte,
cual blanco a los rudos combates del mar,
bajando al abismo, subiendo a las nubes,
descubro una nave. ¿Quién sabe do irá?

La invaden las olas, la llenan de espuma
y azotan los flancos del débil bajel.
En medio del agua, del viento, del rayo,
tenaz a la caña se ve al timonel.

Y posa en el buque doliente mirada,
y llanto derraman sus ojos quizás,
al ver que no puede luchar con el viento,
al ver que se aumenta la furia del mar.

Mas no lo abandona, mas no desfallece,
comprende su grande, su santa misión,
y altivo levanta la impávida frente
que ofrece a los golpes del rudo aquilón.

Por más que se aumente la horrible tormenta,
por más que se estrellen las olas en él,
fijando en el norte la experta mirada
tenaz a la caña se ve al timonel.

...

Ya vuelven, ya vuelven las brisas tranquilas,
pasaron los vientos furiosos del Sud,
la mar se serena, se calma apacible,
y el éter recobra su límpido azul.

Cruzando las aguas que tocan la orilla
rompiendo las blancas espumas del mar,
y el ancho velamen al viento tendido,
descubro una nave, ¿quién sabe do va?

Lo sé, para el puerto: las últimas rocas
burlando que pueden romper el bajel,
lo mismo en bonanza que en ruda tormenta
tenaz a la caña se ve al timonel.

La barca

(*Struggle for life*: Combate por la vida)

La aurora lucía tranquila en Oriente,
la luz inundaba los montes y valles,
las flores abrían los pétalos leves
y a Dios saludaban trinando las aves.

Solté mi barquilla, y al centro del río
de un golpe de remo lancéla contento;
¡marino errabundo, pensaba aquel día
hallar el ansiado magnífico puerto!

Un blanco fantasma se sienta en la caña
y el rumbo dirige, mirándome fijo,
y yo, desde el banco, le vía temblando
de horror y de angustia, de miedo y de frío.

Al fin me resuelvo. ¿Quién eres?, pregunto.
Con voz cavernosa responde el espectro:
«Yo soy el eterno patrón de las barcas
que al río se lanzan en busca de puerto.»

Seguimos bajando la rauda corriente,
yo a entrambas orillas mirando con ansia,
que en una y en otra, del Sol a los rayos,
castillos, jardines y bosques se alzaban.

Ya frente al primero, la barca se vía,
bizarros galanes y lindas doncellas,
asidos del brazo, diciéndose amores,

cruzaban el bosque, jardín y pradera.

Algunos en gruta de mirto y jazmines
buscaban la sombra y el grato misterio,
trayendo a la barca del aire las ondas,
ahogados suspiros, rumores de besos.

Volvíme al fantasma, que frío, inmutable,
miraba impasible tan dulces escenas,
y al fin le pregunto con voz anhelosa:
«¿Arrojo aquí el ancla?» Respóndeme:
«Rema».

Bajé la cabeza, y un triste suspiro
salió de mi pecho, pensando en que alegre
pasara mi vida por grutas y valles
con una de aquellas hermosas mujeres.

Y sigo remando y el Sol ascendía,
el agua imploraba mi labio sediento
y espléndida plaza veíase cerca
que alegre llenaba frenético un pueblo.

El remo abandono, y en medio la turba
a algunos contemplo ceñidos del aura,
tañendo sin pena la cítara blanda
y dando a los aires su férvido canto.

Mis ojos despiden torrentes de lumbre,
la sangre a mi rostro de pronto se agolpa
y digo al fantasma con voz en que vibra
la fuerza de un alma que el triunfo ambiciona:

«También, como ellos, yo tengo mi canto;
también, como ellos, yo tengo una lira;
un mundo, cual ellos, yo siento en mi alma;
tal vez, como a ellos, coronas me ciñan.

¡Qué hermoso es el triunfo! ¡Qué bella es la
gloria!
¡Cuán luce en las sienes la noble diadema
que el Bardo conquista luchando constante!
¿Arrojo aquí el ancla?» Respóndeme:
«Rema».

Al pecho, agitada, mi alma inclinóse
y amargas y ardientes corrieron mis lágrimas
cual plomo fundido quemando mi pecho,
dejándome inmenso dolor en el alma.

El Sol a Occidente, con marcha tranquila
llevaba el tesoro de luz y colores;
la tarde llegaba; mi brazo rendido,
las ondas apenas hería del golpe.

Un último y grande castillo se alza,
aún brilla en el cielo la luz del ocaso
y el rayo postrero bordaba las nubes
con franjas de plata, de fuego y topacio.

Al pie del castillo, soberbios magnates
cobraban tributos de pueblos y villas,
y el oro rodaba, cual corre en las playas
al soplo del viento la arena amarilla.

«Ni amores ni gloria —pensé con tristeza—;
pues oro tengamos, poder y fortuna,
que el mundo se humilla delante del oro
y el oro es el amo de estúpidas turbas.»

«Por fin —a la blanca fantasma le digo—,
un último puerto, ¿lo ves?, ya nos queda:
entrambas orillas desiertas contemplo.
¿Arrojo aquí el ancla?» Respóndeme:
«Rema».
Y sigo remando, y el golpe inseguro
movía con lento vaivén la barquilla;
la noche avanzaba, la tierra y el cielo
crepúsculo vago, medroso, envolvía.

Allá, tras la cumbre lejana del monte,
la Luna cual globo brillante se alza,
y finge su rayo, jugando en la espuma,
encajes y blondas de azul y de plata.

Se extingue del río la rauda corriente,
perdiéndose en ancho, tranquilo remanso,
y ya a la barquilla faltábale fondo,
a veces la arena la quilla rozando.

De pronto la Luna, rasgando las nubes,
alumbra una extraña ciudad en la orilla,
y cruces y verjas, cipreses y sauces
formaban las calles de tumbas sombrías.

Hirsuto el cabello, la faz descompuesta,

le digo al fantasma con voz temerosa:
«Aquí no es posible que el puerto busquemos
al centro del río volvamos la proa.

Mi brazo conserva su fuerza y empuje,
el último aliento gastemos remando,
¡y míreme lejos del cuadro sombrío
que forman las tumbas, cipreses y osarios!»

Con triste sonrisa que aterra y fascina,
me toma una mano la horrible fantasma,
y: «aqueste es el puerto —me dijo—;
llegamos; el remo abandona y arroja tu
ancla».

Enfermo

(A mi hija María)

Un noble marino anciano,
del viento y del Sol curtido
abandonó, ya rendido
los embates de la mar;

Y no de las ondas lejos,
en la cercana ribera,
alzó la quinta, y la era,
y el jardín, y el palomar.

En su báculo apoyado
llegó luego a la vecina
aldea, la noble ruina
que retaba al aquilón;

Y allí pidió balbuciente
a un pobre y rudo aldeano,
de una doncella la mano,
de una niña el corazón.

Ya olvida entre dulces lazos
sus pasados sinsabores
y de sus tardos amores
brotan los frutos al fin;

Ya hay manecillas y gritos
que asustan a las palomas;
quien rompa flores y pomas

corriendo por el jardín.

Pero es muy tarde, y emprende
su viaje para el cielo
el que cruzó con anhelo
las llanuras de la mar.

...

¿Dejaré, como el marino,
el bien, apenas logrado?...
¿Habré tarde levantado
quinta, huerto y palomar?

Redención

Cuando uno muere, en la tumba
se queda encerrada el alma,
hasta el día que en la losa
rueda de amor una lágrima.

El Sol el llanto evapora,
y en el vapor, a las altas
regiones del cielo asciende
tranquila y feliz el alma.

¡Triste de aquel que en su muerte
ninguna lágrima arranca!
¡No tiene quien lo redima
ni quien liberte su alma!

Una pregunta

Sol espléndido y radiante
en la ancha esfera sujeto;
no te pregunto el secreto
de tu esplendor rutilante.

Ni por qué, nube distante,
tiñes de ópalo y rubí;
pero, perdóname si
te pregunto en mi querella:
¿si estará pensando en mí
como estoy pensando en ella?

Luna, brillante topacio
que, entre nebuloso tul,
cruzas la techumbre azul
de las salas del espacio.

Si fijaron despacio
sus bellos ojos en ti,
y si la miraste, di
si estaba doliente y bella,
¿si estará pensando en mí
como estoy pensando en ella?

Mar inmenso que te agitas
sobre tu lecho de arena,
y que ora en bonanza plena
tus olas no precipitas;

tú que bañas las benditas
riberas donde viví,
los sitios donde la vi
tan pura, tan dulce y bella,
responde, si piensa en mí,
como estoy pensando en ella.

Brisa, que acaso pasando
jugaste con su cabello,
tú que besaste su cuello,
su mejilla acariciando,

y que luego murmurando
te fuiste lejos de allí,
si eres la misma que aquí
pasa sin marcar tu huella,
responde si piensa en mí
como estoy pensando en ella.

Noche apacible y serena,
por más que te cause enojos
que sean más bellos sus ojos
y más negra su melena,

Presta un consuelo a mi pena
ya que sufriendo viví;
y pues no llega hasta aquí
el resplandor de esa estrella,
responde, si piensa en mí,
como estoy pensando en ella.

Nubes que en blanco celaje

bordáis el manto del cielo,
cual aves que alzan el vuelo
sobre el inmenso paisaje,

Decidme, si en vuestro viaje
lejos, muy lejos de aquí,
llegasteis a verla, y si
respondéis a mi querella,
si estaba pensando en mí
como estoy pensando en ella.

Sol y Luna, mar y viento,
nubes y noche, ayudadme,
y en vuestro idioma contadme
si es mío su pensamiento.

Si es igual su sentimiento
a éste que mi pecho hiere,
decid si mi amor prefiere
a la calma que perdió;
¡decidme, en fin, si me quiere
lo mismo que la amo yo!

Libros a la carta

A la carta es un servicio especializado para
empresas,
librerías,
bibliotecas,
editoriales
y centros de enseñanza;
y permite confeccionar libros que, por su formato y concepción, sirven a los propósitos más específicos de estas instituciones.

Las empresas nos encargan ediciones personalizadas para marketing editorial o para regalos institucionales. Y los interesados solicitan, a título personal, ediciones antiguas, o no disponibles en el mercado; y las acompañan con notas y comentarios críticos.

Las ediciones tienen como apoyo un libro de estilo con todo tipo de referencias sobre los criterios de tratamiento tipográfico aplicados a nuestros libros que puede ser consultado en Linkgua-ediciones.com.

Linkgua edita por encargo diferentes versiones de una misma obra con distintos tratamientos ortotipográficos (actualizaciones de carácter divulgativo de un clásico, o versiones estrictamente fieles a la edición original de referencia).

Este servicio de ediciones a la carta le permitirá, si usted se dedica a la enseñanza, tener una forma de hacer pública su interpretación de un texto y, sobre una versión digitalizada «base», usted podrá introducir interpretaciones del texto fuente. Es un tópico que los profesores denuncien en clase los desmanes de una edición, o vayan comentando errores de interpretación de un texto y esta es una solución útil a esa necesidad del mundo académico.

Asimismo publicamos de manera sistemática, en un mismo catálogo, tesis doctorales y actas de congresos académicos, que son distribuidas a través de nuestra Web.

El servicio de «libros a la carta» funciona de dos formas.

1. Tenemos un fondo de libros digitalizados que usted puede personalizar en tiradas de al menos cinco ejemplares. Estas personalizaciones pueden ser de todo tipo: añadir notas de clase para uso de un grupo de estudiantes, introducir logos corporativos para uso con fines de marketing empresarial, etc. etc.

2. Buscamos libros descatalogados de otras editoriales y los reeditamos en tiradas cortas a petición de un cliente.

www.ingramcontent.com/pod-product-compliance
Lightning Source LLC
LaVergne TN
LVHW101917190826
846094LV00002B/38

* 9 7 8 8 4 1 1 2 6 6 4 0 6 *